# Anton

Ein Märchen für Jung und Alt
zum 100-jährigen Geburtstag
eines Kinderheimes

– zum lesen, schauen
und selber schreiben.

Gedruckt mit freundlicher
Unterstützung der

Impressum

Herausgeber: Raphaelshaus, Dormagen
verantwortlich: Hans Scholten
Bilder: Thomas Wiemann, Dormagen
Texte + Übersetzung: LET°S TALK, Dormagen
Layout + Litho: studio93 GmbH, Neuss
Druck + Verlag: Neusser Druckerei und Verlag GmbH, Neuss

ISBN: 3-923607-36-9

Alle Rechte insbesondere das Recht der Gestaltung
und Aufmachung sind beim Raphaelshaus.

Dormagen 2001

## 100 Jahre Raphaelshaus Dormagen

Im Sommer 2001 jährt sich zum hundertsten Mal der Tag der Grundsteinlegung des Raphaelshauses. "Raphael" ist hebräisch und heißt: Gott heilt! In diesem Sinne versuchen Männer und Frauen seit 100 Jahren gute Wegbegleiter für Mädchen und Jungen zu sein, die auf unsere Hilfe angewiesen sind. In dieser langen Zeitspanne mit zwei großen Kriegen, dem Kaiserreich, der Weimarer Republik, der Hitlerdiktatur und schließlich dem zunächst geteilten und dann wieder vereinten Deutschland sind Tausende von jungen Menschen in dieser Einrichtung gewesen. Ihnen zu Ehren verzichten wir in diesem Gedenkjahr auf eine Festschrift im üblichen Sinne. Das vorliegende Märchenbuch soll die kleinen und großen Leser daran erinnern, dass Leben und Hoffnung trotz aller Schicksalsschläge weitergeht.

Das Buch bietet aber auch jedem Leser Platz, seine ganz individuelle Geschichte zu den Illustrationen von Thomas Wiemann, dem jungen Dormagener Künstler, zu schreiben. Damit wird das Märchenbuch über den Sterngucker Anton zum unverwechselbaren und exklusiven Erinnerungsstück oder Geschenk für jeden Empfänger.

Insofern sind die zweisprachigen Texte, geschrieben und übersetzt von der Dormagener Sprachschule "Let us talk" nach einer Idee von Thomas Wiemann eine Anregung und ein Impuls für neue Ideen. Das Buch konnte in der vorliegenden Form nur realisiert werden, weil die Sparkasse Neuss großzügig half. Sie gehört herausragend mit zu den vielen Freunden und Förderern, ohne die die Arbeit im Raphaelshaus nicht möglich wäre.

Mit Gottes Segen geht die Arbeit des Raphaelshauses ins zweite Jahrhundert. Getreu unserem Leitspruch "Mit Kindern und Jugendlichen von heute für unser aller Zukunft von morgen" werden wir auf die Jugendprobleme unserer Zeit pädagogische Antworten suchen und finden.


Hans Scholten
Direktor

**Widmung für das Buch**

Den Mädchen und Jungen gewidmet,
denen das Raphaelshaus für eine Zeit ihres Lebens
Heim und Wegbegleiter war.

## Einleitung

Es war einmal ein Mann namens Anton, der in einem kleinen Haus auf dem Land lebte. Sein Beruf als Geologe hatte ihn schon weit in der Welt herumgebracht. Von jeder Reise brachte er besonders geartete Steine mit, die er dann stolz seiner Familie und Freunden präsentierte. Als Anton wieder mal auf Reisen war, passierte ein schreckliches Unglück. Seine Frau und sein einziges Kind kamen bei einem Autounfall ums Leben. Nur schwer erholte sich Anton von dem Schock und die Trauer um seine Familie nahm ihm die Lebensfreude. Hätte er seinen Hund Streuner nicht gehabt, wäre Anton gar nicht mehr vor die Tür gegangen.

## Prologue

Once upon a time there was a man called Anthony, who lived in the country. Anthony was a geologist and travelled all around the world looking at beautiful stones. On returning from each trip he proudly displayed the new stones to his wife and his little daughter Sophie. One day during one of his trips, Anthony had heard some awful news. His wife and Sophie had been killed in a car crash. He had never recovered from this terrible loss. Anthony became very withdrawn and had it not been for Tramp the family dog, he would never have set foot in front of the door again.

An einem mondhellen, sternenklaren Abend kamen Anton und Streuner auf einem Spaziergang an einen See. Anton, faziniert vom Mond und von den vielen Sternen, fasste einen Entschluss.
„Ich werde mir ein Teleskop zulegen", sagte er laut zu seinem Hund.
"Ich weiß so viel über die Erde, aber fast nichts über den Mond." Mit diesen Gedanken ging er nach Hause und schlief zufrieden ein...



One starry moonlit night while walking out with Tramp, Anthony came to a nearby lake. He was fascinated by the stars and moon. I know everything about stones but very little about the moon, he thought.

"I will buy myself a telescope," he said aloud, sharing his thoughts with the dog. With this plan in mind, he went home to bed and fell asleep…

Das Schiff ankerte vor Luna, einer kleinen Insel im Pazifik...

Anton nahm seinen Rucksack und ging mit Streuner an Land. Zusammen zogen sie los um das nächste Dorf zu erkunden. Aber wie merkwürdig, es war keiner zu sehen. Das Dorf schien verlassen. "Was für eine außergewöhnliche Insel", sagte Anton zu Streuner, während sie die Gegend erkundeten.

The ship dropped anchor off a small Pacific island called Luna..

Anthony packed his rucksack and went ashore with Tramp. Together they explored the nearest village, but strangely, there wasn't a person in sight. It seemed deserted. So Anthony decided to take Tramp for a walk."What an unusual island," he said to Tramp.

Als sie zum Dorf zurückkehrten, war die Sonne bereits untergegangen. Anton sah Licht in den schmalen hohen Fenstern. Im Dorf angekommen, staunte er nicht schlecht. Saßen doch dessen Bewohner auf ihren Dächern und schauten sich durch riesige Teleskope den nächtlichen Himmel an. "Komm rauf, Anton", sagte ein Dorfbewohner, "komm und schau auch mal durch."

The sun had already set by the time they returned to the village. Anthony saw bright lights shining through the narrow windows. As he came closer he spotted the villagers sitting on top of their houses gazing through what seemed to be large telescopes. "Come on up, Anthony," said one of them. "Come and have a look."

Wie weit entfernt diese schimmernden Lichter erschienen. Er begann das Wort 'Unendlichkeit' zu verstehen. Antons Herz öffnete sich beim Anblick dieser Schönheit und er fühlte sich entspannt und glücklich. Überall Sternschnuppen, wie wunderschön anzusehen.

Dann sah er SIE auf dem Mond, sie winkte ihm zu. Nein, das konnte nicht sein, seine Sophie, seine kleine Sophie.

How unimaginably far those shimmering lights seemed. He began to understand the meaning of the word infinity. Astonished at the vast beauty of the universe he began to feel content and happy. He couldn't believe his eyes, one shooting star after the other.

Suddenly he saw somebody waving at him. "No!" he exclaimed, it can't be. He rubbed his eyes and looked again. Was that his little Sophie waving at him.

Wo immer Anton sich aufhielt, sein Teleskop war bei ihm. Am Tag erkundete er mit Streuner die Insel und abends saßen sie gemütlich bei den Sternenguckern.

From that day on wherever he went, Anthony took his telescope with him. During the day he went with Tramp and explored the island. At night they sat together with the stargazers.

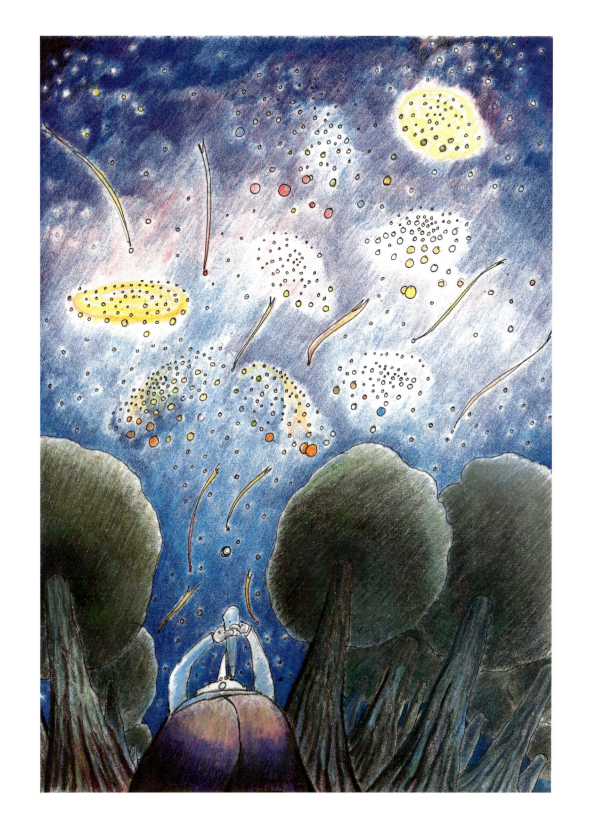

Das Raphaelshaus heute – ein Erlebnisdorf für Kinder und Jugendliche gemalt von dem Kunstlehrer Rolf Plato.

In freudiger Erwartung sein kleines Mädchen noch einmal
zu sehen, wachte Anton in langen Nächten am Teleskop.

Er war ganz sicher, dass Sophie ihm vom Mond
zugewunken hatte.

Anthony stayed awake throughout long nights hoping
to see his little girl through his telescope again.

He was sure that it had been Sophie who had waved
at him from the moon.

Manchmal war Anton so erschöpft, dass er einfach einschlief.
Streuner, sein treuer Gefährte, wachte in diesen Nächten
über ihm.


Sometimes Anthony was so very exhausted that he fell asleep.
Faithful Tramp always watched over him.

In einer kristallklaren Nacht endeckte Anton hunderte Sternschnuppen, die übers nächtliche Firmament schossen. Schnell kletterte er aufs Dach zu seinem Teleskop.

Da war Sophie. Sie stand ruhig und lächelnd mitten im Sternschnuppenregen. Er musste den Atem anhalten, war er doch besorgt, dass sie verletzt werden könnte. „Nein, Papa", hörte er sie flüstern, „hier kann uns nichts passieren. Wir sind sicher und glücklich."

One crystal clear night Anthony discovered hundreds of shooting stars in the sky. He quickly climbed on to his roof to look through his telescope.

Sophie was standing amidst a shower of shooting stars. Anthony held his breath afraid that she might get hurt. "Don't be scared," she whispered, "Nothing can happen to us now, we are safe and happy here."

Anton fühlte etwas Warmes, Nasses an seinem Fuß. Er wollte nicht aufwachen, aber Streuner gab keine Ruhe. Verschlafen rieb er sich die Augen – hatte er alles nur geträumt? Dann war es ein guter Traum gewesen! Mut und ein tiefes Gefühl der Zuneigung durchströmte ihn. Er erkannte, dass er die Vergangenheit loslassen konnte.

Ein neuer Abschnitt begann. Er war bereit wieder ins Leben zu gehen.



Anthony felt something warm and wet tickling his foot. He didn't want to wake up but Tramp wouldn't leave him alone. He rubbed his eyes, had it all been a dream? What was the dream supposed to mean? Suddenly he felt a shower of courage tickle through his body. He began to realise that one could let the past go without forgetting.

One could begin a new chapter in life without betraying the old ones. He would start that very day.

Hier endet unsere kleine Geschichte.

Von jetzt an konnten es Anton und Streuner mit jedem
Sturm aufnehmen.



This is where our story ends.

Anthony and Tramp had some good days and some bad days
but Anthony had found courage to face the storms of life.